ARLEQUIN AFFICHEUR,

COMÉDIE-PARADE,

En un Acte, en Prose, mêlée de Vaudevilles, analogue à l'ouverture du Théâtre du Vaudeville;

Par les CC. RADET, DESFONTAINES et BARRÉ.

Représentée, pour la première fois, sur ledit Théâtre, le Lundi 9 Avril 1792.

SECONDE EDITION.

Prix, 50 sols, avec la musique.

A PARIS.

Chez les Libraires
{ Au Théâtre du Vaudeville.
Au Théâtre rue Martin.
A l'Imprimerie, rue des Droits de l'Homme, n°. 44.

Messidor, an IIIe.

PERSONNAGES.	ACTEURS.
	Les CC. et Cnes.
ARLEQUIN, Afficheur du spectacle, amant de Colombine.	Laporte.
CASSANDRE, Citoyen de Paris.	Bourgeois.
COLOMBINE, fille de Cassandre.	Molière.
GILLES, Facteur de la petite-poste, rival d'Arlequin.	Léger.

La Scène est à Paris.

AVANT-PROPOS.

CETTE Pièce a été faite, étudiée et répétée dans la semaine de clôture qui a eu lieu aux principaux spectacles de Paris, à pâques dernier. Le couplet suivant, chanté par Arlequin, après la première représentation, est l'historique exact de cette bagatelle.

AIR : *du Vaudeville de la pièce.* (noté à la fin.)

Trois Auteurs m'ayant vu trois mois
Sans rien faire et dans la tristesse,
Se réunissant tous les trois,
En trois soupers ont fait la Pièce :
Trois Acteurs secondant mes vœux,
Nous courions tous la même chance,
Et nous sommes trois fois heureux,
 Grace à votre indulgence.

ARLEQUIN
AFFICHEUR,
COMÉDIE-PARADE.

Le Théâtre représente une place publique. Du côté droit, à la première coulisse, est la maison de M. Cassandre, très-saillante, et qui paraît très-vieille. La porte d'entrée et une fenêtre au-dessus sont en face du Spectateur. Du côté gauche, vis-à-vis, est un grand pan de mur couvert d'Affiches de spectacles.

SCENE PREMIERE (*).

ARLEQUIN, *seul, portant une petite échelle, un seau à colle avec son pinceau et des Affiches dans sa ceinture.*

Air : *On compterait les diamans.*

Nous voilà donc au jour heureux,
Où le Spectacle recommence !
Combien je trouvais ennuyeux
Le triste tems de la vacance !
C'est un plaisir rempli d'appas,
De voir la salle bien garnie.
Oh ! moi, je ne m'en défends pas,
J'aime la bonne compagnie. *bis*

(*) En jouant cette pièce un autre jour que celui de l'ouverture du théâtre, on doit commencer ainsi le premier couplet :

De mes courses je suis au bout ;
Grace au Ciel j'ai fini ma ronde :
J'ai mis des affiches par-tout,
Et ce soir nous aurons du monde.
C'est un plaisir, etc.

Ensuite l'on passe le second couplet.

Enfin, c'est aujourd'hui l'ouverture !..... l'ouverture !....... C'est joli ça !

Air : *Chantons les matines de Cythère.*

De ce mot-là je suis idolâtre ;
Que d'attraits il offre à la gaîté,
Depuis l'ouverture d'un théâtre,
Jusqu'à l'ouverture......d'un pâté !

Il ne me reste plus que ce coin-ci à afficher......... C'est là que demeure Colombine......Aux derniers les bons. J'espère la voir un petit moment. M. Cassandre son père est sorti, car je viens de le rencontrer : il ne m'a pas reconnu......parce qu'il ne me connait pas...... (*Il frappe et appelle :*) Colombine !..... Mais que je suis bête ! son pere l'enferme quand il s'en va ; elle ne peut me répondre que par la fenêtre. (*Il appelle au bas de la fenêtre.*) Colombine !..... Rien ?..... Colombine !..... Pas le mot. Achevons notre besogne, nous verrons après..... Ah ! Ah....

Air : *Du haut en bas.*

Du haut en bas
D'affiches la muraille est pleine !....
Du haut en bas !
Aurais-je donc perdu mes pas ?
Eh, parbleu ! qu'à cela ne tienne,
Couvrons cette autre de la mienne,
Du haut en bas.

Air : *Tout roule aujourd'hui dans le monde.*

Déployons mon affiche entière
Sur cette rouge que voilà.
(*Il veut poser l'affiche et s'arrête.*)
Un moment...... (*Il lit*) Pièce de Molière !
Ne couvrons point ce titre-là.
Mon maître, quelque soit l'asyle
Où tu te trouves transporté,
Par les enfans du Vaudeville
Tu seras toujours respecté !

Voyons par ici...... (*Il lit.*) Drame en cinq actes !

Air : *Ne v'là-t-il pas que j'aime !*

Quoi ! l'on t'annonce en ce séjour,
Drame ennuyeux et sombre !
On veut en vain te mettre au jour ;
Moi, je te mets à l'ombre.

Disparais. (*Il pose son affiche sur celle du Drame, en imitant le magicien des Ombres Chinoises.*) Tu me fais peur !........ Il me reste encore quelques affiches...... Mettons-en une à la porte de Colombine : c'est une jolie attention ...... Elle a de l'esprit, ça ne sera pas perdu ; d'ailleurs elle va être des nôtres, et .... (*Allant pour afficher :*) Eh, je l'apperçois à travers les vitres .... Elle me voit ...... et elle se retire !...... Serait-elle fâchée, parce que je ne suis pas venu depuis trois jours ? Ah ! oui, elle est fâchée .... Mais, quand elle m'aura entendu......

Air : *Daigne écouter l'amant fidèle et tendre.*

Ah ! garde-toi d'accuser d'inconstance
Ton Arlequin dont tu ne peux douter :
Crois qu'il n'a dû supporter ton absence,
Qu'en travaillant à ne te plus quitter.

Elle est encore fâchée...... (*Il appelle plus fort :*) Colombine !

SCENE II.

ARLEQUIN, COLOMBINE.

COLOMBINE, *ouvrant la fenêtre.*

Qui est là-bas ?

ARLEQUIN.

Te voilà donc !

COLOMBINE.

C'est vous, monsieur Arlequin ! toutes vos promenades sont finies apparemment ?

ARLEQUIN.

Ah ! ma bonne amie !

COLOMBINE.

Air : *L'amant frivole et volage.*

Amant frivole et volage,

ARLEQUIN.

Colombine, écoutes bien.

COLOMBINE.

Vas, porte ailleurs ton hommage ;
Cherche un cœur digne du tien.

(*Elle se retire et ferme sa fenêtre.*)

SCÈNE III.

ARLEQUIN, *seul, achevant le couplet.*

L'APPARENCE qui l'abuse
Lui fait soupçonner ma foi :
Mais si sa bouche m'accuse,
Son cœur doit parler pour moi.

Je n'ai pas tort ; mais elle a raison et je dois me soumettre...... Comment faire pour l'appaiser ?...... Si elle reste chez elle et moi dans la rue, nous ne pourrons pas nous entendre..... Si elle revient à sa fenêtre, elle me traitera encore du haut en bas......Eh, parbleu, mettons-nous de niveau.

(*Il monte sur son échelle et frappe à la fenêtre de Colombine.*)

Air : *De la croisée,* (par M. Ducray,)

Ma chère bonne amie, hélas !
A mes desirs daigne te rendre :
Colombine ne voudrait pas
Juger Arlequin sans l'entendre ;
Bientôt par ton fidele amant,
Tu te verras désabusée :
Pour m'écouter un seul moment,
 Ouvre au moins ta croisée. *bis.*

(*Il appelle et frappe à la fenêtre, en montant un échelon a chaque fois.*)

Ma chère amie !......Ma bonne amie !......Ma petite amie !.....Tu ne veux donc pas m'ouvrir ?......Ah ! vous ne voulez pas m'ouvrir !......Prends-y garde......Vous ne me connaissez pas........Tu ne sais pas de quoi je suis capable....... Vous vous en mocquez !........Ah! tu t'en mocques!.......

   Air : *Nous sommes précepteurs d'amour.*

  Je suis aussi trop rebuté ;
  Mais plus de respect qui m'arrête :
  Je vois que, pour être écouté,
  Il faut faire un coup de ma tête.

(*Il passe sa tête à travers d'un carreau de papier*)

SCENE IV.

ARLEQUIN, COLOMBINE.

COLOMBINE, *ouvrant sa fenêtre.*

AH! mon Dieu! qu'est-ce que c'est que ça?

ARLEQUIN, *retirant tranquillement sa tête.*

Ce n'est rien...... C'est moi.

COLOMBINE.

Fort bien, Monsieur Arlequin.

ARLEQUIN.

Pardon, ma bonne amie, c'est que je veux me justifier.

COLOMBINE.

Mais, pour se justifier, on ne casse pas les vîtres. Et d'ailleurs, que me direz-vous après être resté trois jours sans me voir?

ARLEQUIN.

Ma chère amie, d'abord je te dirai......

COLOMBINE.

Des mensonges ?

ARLEQUIN.

Non. C'est que j'ai été......

COLOMBINE.

Au cabaret ?

ARLEQUIN.

Au contraire; c'est que j'ai appris......

COLOMBINE.

Des sottises?

ARLEQUIN.

Mais, ma bonne amie, si vous ne m'écoutez pas, vous ne pourrez pas me pardonner.

COLOMBINE.

Pardonner quoi ? de m'avoir exposée à vous devenir infidèle.

ARLEQUIN.

Infidèle.

COLOMBINE.

Oui, Monsieur, et il n'a tenu qu'à moi........ Monsieur Gilles, votre rival......

ARLEQUIN.

Comment, ce coquin de Gilles revient encore !

COLOMBINE.

Plus que jamais, et mon père le protège.

ARLEQUIN.

Ah ! sangodémi !

COLOMBINE.

Il est très-assidu dans ses visites, lui ; et comme il n'est pas sûr d'être aimé, il s'efforce de se rendre aimable.

ARLEQUIN, *se grattant le front.*

Aie, aie, aie ! povéro !

COLOMBINE.

Air : *Résiste-moi, belle Aspasie.*

Ah ! pauvres dupes que nous sommes !
Comment sauver nos faibles cœurs ? *bis.*
Quoi ! ce n'est qu'avec des rigueurs
Que nous pouvons fixer les hommes !

On exerce un droit absolu
Sur l'amant qui toujours espère;
Mais est-il certain d'avoir plu,
L'ingrat ne fait plus rien pour plaire.

ARLEQUIN.

Eh bien, voilà ce qui vous trompe, car tout ce que j'ai fait ces trois jours-ci......

(*On entend tousser M. Cassandre.*)

COLOMBINE.

Ah Ciel !.......voici mon père !......

(*Elle se retire de la fenêtre.*)

ARLEQUIN.

Monsieur Cassandre !.......C'est égal.......ne crains rien.
(*Il descend deux échelons, et se met en devoir d'afficher.*)

SCENE V.

Les mêmes, CASSANDRE.

CASSANDRE, *au fond du théâtre.*

JE reviens sur mes pas, j'ai oublié.......(*Appercevant Arlequin :*) Que fait cet homme à ma porte ?

ARLEQUIN, *affichant.*

Air : *Jardinier, ne vois-tu pas ?*

Une maison ruine en frais
   De toutes les espèces :
Ce mur est solide ; mais
   Comme il est à jour, j'y mets
   Des pièces. *ter.*

CASSANDRE, *saluant Arlequin.*

Monsieur, bien obligé.

ARLEQUIN, *se retournant.*

Il n'y a pas de quoi, Monsieur.

CASSANDRE, *à part.*

On affiche le spectacle à ma porte !........ C'est charmant, et cela donne un joli relief à une maison.

ARLEQUIN, *bas à Colombine.*

Ton père va rentrer, et je n'aurai pas le tems de me justifier.

COLOMBINE, *bas à Arlequin.*

Allez-vous-en.

ARLEQUIN, *montant un échelon.*

Ma bonne amie !

CASSANDRE, *voyant qu'Arlequin fait remuer l'échelle, la retient avec le pied.*

Air : *Pour la Baronne.*

Quelle imprudence !
Voilà comme on peut se blesser ;
Un malheur vient sans qu'on y pense,
L'échelle n'aurait qu'à glisser........
Quelle imprudence !

COLOMBINE.

Quelle imprudence !

ARLEQUIN.

Il est vrai que ce que je fais là est un peu hardi.

COLOMBINE, *à part.*

Je tremble !

CASSANDRE.

Air : *Il n'est pire eau que l'eau qui dort.*

Ne craignez rien ; allez, je tiens l'échelle.

ARLEQUIN.

C'est m'obliger, car, mon très-cher Monsieur,
En affichant une pièce nouvelle,
De la chûte on a toujours peur.

CASSANDRE.

Air : *Le lendemain.*

C'est du nouveau qu'on donne ?

ARLEQUIN.

Oui, Monsieur.

CASSANDRE.
Chantera-t-on des couplets ?

ARLEQUIN.
Oui, Monsieur.

CASSANDRE.
La Pièce est-elle bonne ?

ARLEQUIN.
Oui, Monsieur.

CASSANDRE.
Vous êtes sûr du succès ?

ARLEQUIN.
Non, Monsieur.

CASSANDRE.
Comme vous, moi, je l'ignore ;
Oui, mais j'en serai certain,
Si vous l'affichez encore
Demain matin.

ARLEQUIN.
Oui, Monsieur.......Je l'espère. (*Bas à Colombine.*) Un pauvre petit mot.

COLOMBINE, *bas à Arlequin.*
Non, retirez-vous.

CASSANDRE, *à Arlequin.*
Quel est le sujet de la pièce ?

ARLEQUIN.
Le sujet !........Le sujet........c'est un raccommodement.........Oui........ des amans brouillés........ Le garçon a tort........un peu tort.........La fille est fâchée.

COLOMBINE.
A quoi vous m'exposez !

ARLEQUIN.
Et lui il est fâché........de ce qu'elle est fâchée...... Avec ça, un obstacle s'oppose à l'explication.

CASSANDRE

Ah! c'est dommage!

ARLEQUIN.

Oui, mais ma'gré tout.......

Air : *Réveillez-vous, belle endormie.*

L'amant de la jeune personne
De l'appaiser a le moyen,
Il sait qu'aisément on pardonne
Les torts où le cœur n'est pour rien.

CASSANDRE.

C'est juste........C'est fort juste........

ARLEQUIN, *bas à Colombine.*

Vous l'entendez, c'est l'avis de Monsieur votre père.

CASSANDRE.

Hein! que dites-vous du père?

ARLEQUIN.

Oh, rien......C'est que........c'est qu'il y a là un père, voyez-vous?.......Dans beaucoup de pièces nous avons des pères, et les pères..........ça gêne pour les scènes d'amour.

CASSANDRE.

Ah, dame! l'adresse est de vaincre les difficultés.

ARLEQUIN.

Sans doute.

CASSANDRE.

Mais, cela sera aisé........On fait ces pères de comédies si bêtes........si bêtes!

ARLEQUIN.

Ah! Monsieur.

CASSANDRE.

Non.........c'est comme ça........Tout se passe sous leurs yeux, et ils ne voyent rien.

ARLEQUIN, *regardant Colombine.*

Eh bien?

COLOMBINE, *bas à Arlequin.*

Si j'étais sûre de ta sincérité......

CASSANDRE.

Vous êtes bien long-tems..........Est-ce que ça ne prend pas ?

ARLEQUIN.

Pardonnez-moi.......

CASSANDRE.

La colle ne vaut rien peut-être ?

ARLEQUIN.

Ah ! je vous réponds que si........ C'est une bonne colle...... ..C'est que je mets plusieurs affiches.

CASSANDRE.

Vous avez bien raison, car,

« Ces papiers-là, Monsieur, souvent,
« Autant en emporte le vent ».

Eh bien, vous dites donc que le raccommodement...

ARLEQUIN.

Le raccommodement se fait. (*Il regarde tendrement Colombine qui lui sourit.*)

Air : *N'en demande pas davantage.*

Le tendre amant, pour s'expliquer,
Des regards n'a que le langage :
Cependant il croit remarquer
Qu'au fond du cœur on l'encourage.

(*Ici Colombine se penche et donne sa main à Arlequin qui la baise.*)

Enchanté, soudain,
Il baise une main,
Sans oser risquer davantage.

(*Colombine se retire précipitamment et ferme sa fenêtre ; Arlequin se tait.*)

CASSANDRE.

Eh bien !

ARLEQUIN.

N'en demandez pas davantage.

SCENE VI.
ARLEQUIN, CASSANDRE.

CASSANDRE.

Ainsi les voilà réconciliés ?

ARLEQUIN.

Comme vous dites.

CASSANDRE.

Mais, Monsieur, vous prenez trop de peine, vous en faites trop, et je crains........

ARLEQUIN, *descendant.*

C'est moi, Monsieur, qui abuse de votre complaisance.

CASSANDRE.

Point du tout.

ARLEQUIN, *lui montrant les affiches mises à sa porte.*

Vous êtes content de ce que j'ai fait ?

CASSANDRE.

Très-content !

ARLEQUIN, *à part.*

Et moi aussi.

Air : *De tous les capucins du monde.*

Sur notre nouveauté, d'avance,
Vous voilà dans la confidence.

CASSANDRE.

Je sais me taire, mon garçon :
De bon cœur, je vous remercie
De m'avoir conté sans façon
Le secret de la comédie.

(*Il rentre chez lui.*)

(15)

SCENE VII.

ARLEQUIN, *seul, suivant des yeux Cassandre.*

LA bonne dupe ! il a tout entendu, rien compris.... ça ne m'étonne pas.

Air : *Pour vous je vais me décider.*

La comédie est un miroir
Qui réfléchit le ridicule ;
Mais l'homme qui devrait s'y voir
Est aveugle ou bien incrédule.
A se flatter on est enclin :
Dans les portraits qu'on voit paraître,
On reconnaît bien son voisin ;
On ne veut pas s'y reconnaître. *bis.*

Mais je n'ai pas dit à Colombine tout ce que j'avais à lui dire.....Son père est au logis.....Là, là, patience, il sortira peut-être bientôt ; Ne nous éloignons pas. (*Cassandre sort, tenant quelque chose qui l'occupe beaucoup ; il laisse la porte ouverte et la clef à la serrure.*) Eh ! le père, il s'en va.....Eh ! le père, il n'a pas fermé la porte. (*Il appelle*) Colombine ! (*Colombine paraît à la fenêtre.*)

SCENE VIII.

ARLEQUIN, COLOMBINE.

COLOMBINE, *à la fenêtre.*

IL s'en va ?

ARLEQUIN.

Oui, et la porte est ouverte......descends. (*Lazis, pendant qu'elle descend ; il chante*)

La bonne aventure, ô gué ! la bonne aventure.
(*Colombine paraît sur la scène.*)

Enfin, nous voilà seuls, et nous pouvons nous expliquer.

COLOMBINE.

Air : *Vous qui d'amoureuse aventure.*

Arlequin, mon père peut-être
Sera de retour à l'instant ;
D'ailleurs, ne pouvons-nous pas être
Interrompus par un passant.
Crois-moi.....(*bis.*) Mon ami, profitons bien vîte
Du doux moment qu'Amour pour nous fait naître exprès.
Raccommodons-nous tout de suite ;
Nous nous expliquerons après.

Ensemble.

Raccommodons-nous, &c.

ARLEQUIN.

Air : *Je crois bien que si je voulions plaire.*

Dessous mon menton, je vous en prie,
Promenez votre main si jolie.

COLOMBINE.

De tout mon cœur..... Est-ce comme cela !

ARLEQUIN.

Bien.....Par ici.....puis à présent, par-là.

COLOMBINE, *lui donnant des petits soufflets.*

Peste de mine !

ARLEQUIN.

Ma Colombine,
Ah ! de plaisir
Je vais mourir.

COLOMBINE, *lui donnant sa main.*

Baisez la main qui vous touche.....
Aie ! tu mords !

ARLEQUIN.

Mais c'est m'attaquer,
Que de porter sur ma bouche
Jolis doigts à croquer.

COLOMBINE.

COLOMBINE.

C'est bien........Mais à présent tu vas me dire ce qui t'a rendu invisible pendant trois jours.

ARLEQUIN.

D'abord un rôle neuf à étudier, dans une Pièce nouvelle, qu'on n'a jamais jouée.

COLOMBINE.

Je te l'aurais fait répéter.

ARLEQUIN.

C'est un rôle de Valet, et tu sais bien, ma bonne amie, qu'auprès de toi je ne puis répéter qu'un rôle d'Amoureux. Ensuite, comme le Directeur m'avait promis ton engagement, je n'ai pas voulu venir sans te l'apporter, et le voici

COLOMBINE.

Il m'engage sans me connaître!

ARLEQUIN.

Sur le bien que je lui ai dit de toi; oh! il a une grande confiance en moi......(*montrant les affiches.*) J'ai tous ses papiers......C'est moi qui suis chargé de sa correspondance avec le public.

COLOMBINE.

Air : *Je suis Lindor.*

Peut-être aussi, guidé par la tendresse,
Du Directeur as-tu surpris la foi.

ARLEQUIN.

Comment ?

COLOMBINE.

Mon Arlequin aura parlé de moi,
Comme un amant parle de sa maîtresse.

ARLEQUIN.

Je n'ai dit que ce qu'il fallait dire, et tu pourras faire ton début.

COLOMBINE.

Air : *Tout comme a fait ma mère.*

Mon ami, c'est bien difficile

B

Moi débuter ! la peur me prend.
Je voudrais pouvoir être utile ;
Mais comment l'être sans talent ?
Dame, dame, je ne sais rien ;
Dame, dame, je le sais bien ;
Mais enfin je sens qu'il faut plaire.
Et je ferai (*bis.*) tout ce qu'il faudra faire.

ARLEQUIN.

C'est bon ça........Du zèle, de la bonne volonté, de la bonne humeur......de la bonne humeur sur-tout.

Air : *du Vaudeville des Jumeaux de Bergame.*

Troupeau joyeux du Vaudeville
Doit se mener par la gaîté ;
Mais la brebis la plus docile
Un jour peut prendre de côté.
Malgré les soins, la prévoyance,
Souvent rien n'allant à son gré,
Par mainte et mainte circonstance
Notre Directeur est BARRÉ.

COLOMBINE.

Barré, comment donc ça ?

ARLEQUIN.

Air : *C'est un enfant.*

Oh ! c'est sur-tout, c'est par les femmes
Que souvent il est tourmenté :
A chaque instant, avec ces dames,
Le Répertoire est arrêté.
Mon Dieu, que de peines !
Vapeurs et migraines.......
Il faut paraître, on s'en défend ;
On fait l'enfant. *bis.*

COLOMBINE.

J'espère que personne ne se plaindra

ARLEQUIN.

C'est ce que j'ai dit, et tu vas signer ton engagement ; ça presse. (*On entend la claquette de la petite poste.*)

COLOMBINE.

Ah ! c'est Gilles !

ARLEQUIN.

Mon rival !

COLOMBINE

Je ne veux pas lui parler.

ARLEQUIN.

Rentre, je vais le recevoir.

(*Colombine rentre, et Arlequin se met devant la porte, le chapeau sur l'oreille et la batte sur l'épaule.*)

SCENE IX

ARLEQUIN, GILLES.

GILLES, *agitant sa claquette.*

(*Il a un portefeuille de Facteur de la petite Poste, et il tient une très-grande lettre pliée en poulet.*)

Air : *De la petite Poste de Paris.*

Mon cœur, ma flamme et mon esprit,
J'ai mis tout ça dans mon écrit,
Et si demain j'obtiens sa main,
J'aurai l'honneur après-demain
De l'annoncer en tout pays
Par la p'tit' Poste de Paris.

(*Il appelle*)

Mam'zelle Colombine !

Air : *Pour la Baronne.*

De tous les Gilles
Si par-tout l'amour est vanté,
C'est que les Gilles sont agiles,
Et j'ai le plus d'agilité
De tous les Gilles.

Mam'zelle Colombine !

Air : *Sur le bruit de vos talens.*

Malgré moi le sentiment
Vient agiter ma claquette ;
Malgré moi mon sentiment
Fait aller cet instrument.
Pan, pan, pan, pan, pan, pan, pan.

B 2

Viens, ô ma Colombinette !
Pan, pan, pan, pan, pan, pan, pan.
C'est ton Gilles qui t'attend.

(*Il s'approche de la porte, et Arlequin lui donne un coup de batte.*)

GILLES.

Qu'est-ce ?

ARLEQUIN.

Quoi ?

GILLES.

Une lettre.

ARLEQUIN.

Pour qui ?

GILLES.

Pour Colombine.

ARLEQUIN.

De quelle part ?

GILLES.

De la mienne.

ARLEQUIN, *prenant la lettre.*

C'est bon.

GILLES.

Comment ?

ARLEQUIN.

Je suis chargé de la recevoir.

GILLES.

Par qui ?

ARLEQUIN.

Par le père.

GILLES.

C'est différent.

ARLEQUIN.

C'est comme ça. (*Il l'ouvre.*)

GILLES, *voulant l'en empêcher.*

Vous ne la lirez pas.

ARLEQUIN.

Je la lirai.

GILLES.

Après Colombine.

ARLEQUIN.

Avant.

GILLES.

Toujours par ordre ?

ARLEQUIN.

Toujours.

GILLES,

C'est fort.

ARLEQUIN.

Taisez-vous.

GILLES.

Je me tais.

ARLEQUIN, *prêt à commencer.*

C'est de la grosse.

GILLES.

Ça se voit mieux.

ARLEQUIN, *déployant la lettre écrite sur le plus grand papier..*

Rien que ça ?

GILLES.

Pas davantage.

ARLEQUIN.

Mais c'est le Logographe ?

GILLES.

Vous voyez.

ARLEQUIN, *lisant.*

« Mademoiselle.......Ce qui fait que mon père.....» (*s'interrompant*) ça commence comme ça !

GILLES.

Ça finit encore mieux.

ARLEQUIN.

Et pas de points, pas de virgules ?

GILLES.

Ils sont à la fin.

ARLEQUIN, *lisant* (*).

« Ce qui fait que mon père m'ayant toujours dit qu'il n'a que moi d'héritier, et venant de bonne race, il est toujours vivant, et me disant qu'en nous épousant, et faisant ce que font les honnêtes gens, vous aurez le bien de lui, mon père, sans préjudice de l'amour de moi, son fils, et des égards de feue ma mère qui est morte sans enfans, ce qui ne fera rien à notre mariage qui est sûr, comme il est sûr que je serai, tant que je vous aimerai, pénétré de vos très humbles attraits. » Gilles. (*le considérant du haut en bas.*) Gilles !

GILLES.

Je n'ai mis que trois jours à la faire.

ARLEQUIN.

Ce n'est pas trop.

GILLES.

Je suis fort depuis que j'ai mon état.

ARLEQUIN.

Votre état !

(*) *Nota.* La lecture de cette lettre indique assez le jeu d'Arlequin, que Gilles interrompt souvent par le bruit de sa claquette, dont l'autre se rend maître après différens lazis.

GILLES.

Mon amour va un train de poste.

ARLEQUIN.

Vous avez un état?

GILLES.

Homme de lettres ; c'est clair : et leste, preste, à la dernière levée comme à la première.

Air : *C'est dans cette égalité même.*

Toujours debout, toujours en route,
Il n'est pas de pas qui me coûte,
Pour bien faire ce que je fais.
Point d'ami, de dépositaire,
De ministre, d'homme d'affaire,
Qui soit chargé d'autant d'effets,
    Projets, billets,
    Placets, poulets.
L'un me sourit, l'autre m'arrête,
Et moi qui suis homme de tête,
Je vais de Paris à Neuilli,
De Neuilli je trotte à Passi ;
Puis, dans un tour de promenade,
Je me retrouve à l'Estrapade ;
Par-tout de jour comme de nuit,
Dans le monde faisant du bruit,
Et sans rien emprunter du vôtre,
Apprenez qu'aussi bien qu'un autre,
Apprenez, Monsieur le mutin,
Que je sais faire mon chemin.

ARLEQUIN.

Ce ne sera pas auprès de Colombine, toujours.

GILLES.

Quand le père est pour ?

ARLEQUIN.

La fille est contre.

GILLES.

Pas vrai.

ARLEQUIN.

Un démenti !

GILLES.

Rendez-le-moi.

ARLEQUIN.

Je te le rends........et je ne veux pas que tu reviennes ici.

GILLES.

Encore de la part du père ?

ARLEQUIN.

De la mienne.

GILLES.

On vous aime ?

ARLEQUIN.

Comme on ne vous aime pas.

GILLES.

Impossible.

ARLEQUIN,

Air.: *Je suis Carmelite, moi.*

Du Vaudeville afficheur ordinaire,
Colombine a ma foi.
Et vous croyez, Monsieur le téméraire,
Me faire ici la loi !
Sangodémi ! Nargue de ta colère.

(*Arlequin pousse rudement Gilles qui va se heurter contre la maison de Cassandre, où voyant la porte ouverte, il la ferme et s'empare de la clef.*)

(*Montrant les affiches qui sont à sa ceinture.*)

J'ai du caractère,
Moi,
J'ai du caractère.

Et la preuve, c'est que je te défends de mettre le pied dans la maison.

GILLES, *montrant la clef qu'Arlequin ne voit pas.*

Et moi, je t'en empêche. (*A part.*) Allons chercher le père. (*Il sort.*)

SCENE X.

ARLEQUIN, seul.

Tu m'en empêches !........Oh ! bien oui........ (*Il appelle.*) Colombine ?.........Colombine ?...........Tiens.........il a volé la clef........Colombine ?

SCENE XI.

ARLEQUIN, COLOMBINE, *paroissant à la fenêtre.*

COLOMBINE

Est-il parti ?

ARLEQUIN.

Oui, avec la clef

COLOMBINE.

Eh bien ! me voilà enfermée.

ARLEQUIN.

Et l'engagement qui n'est pas signé.

COLOMBINE.

Comment faire ?

ARLEQUIN.

Ne t'embarrasse pas......La plume et l'encre......

COLOMBINE.

J'y suis.

ARLEQUIN *prend son échelle, monte à la fenêtre, tire l'engagement de sa poche, et le met sur sa tête.*

Tiens, voilà la table, signe.

COLOMBINE, *signant*.

C'est fait.

ARLEQUIN.

As-tu mis la patarafe ?

COLOMBINE.

Tout y est.

ARLEQUIN.

Air : *Le petit mot pour rire.*

Terminons ça par un baiser.

COLOMBINE

Suis-je fille à te refuser ?

ARLEQUIN, *l'embrassant*.

C'est de la confiture.

Ensemble

De tous actes que font entr'eux
Fille & garçon bien amoureux,
C'est là, là, là, là, là, là, là, la bonne signature.

SCENE XII.

Les mêmes, GILLES.

GILLES, *en entrant*.

(*Avec humeur.*)

JE n'ai pas trouvé M. Cassandre au café. (*Voyant Arlequin et Colombine s'embrasser.*) Ah ! mon bon Dieu ! qu'est-ce que je vois !

Air : *Monsieur, je remplis mon devoir.*

Quel spectacle s'offre à mes yeux !
C'est l'Afficheur et la traîtresse.
Ciel ! je reviens donc en ces lieux
Pour voir afficher ma maîtresse.

(*Il s'approche doucement, écoute, et peu à peu se trouve au pied de l'échelle.*

ARLEQUIN.

Air : *Guillot a des yeux complaisans.*

Je verrai donc à chaque instant
 Ta friponne de mine !

COLOMBINE.

Mais seras-tu toujours constant
 Avec ta Colombine ?

ARLEQUIN.

De tous les Amans, mon cher cœur,
 Je suis le plus fidèle.

GILLES, *à part.*

D'où je conclus qu'après Monsieur
 Il faut tirer l'échelle. (*bis.*)

(*Il fait tomber l'échelle à terre, Arlequin se raccroche à la fenêtre, et entre dans la maison. Gilles, croyant qu'Arlequin est tombé, cherche à terre.*)

Tiens ! il n'est pas encore tombé ! (*Il regarde en l'air.*) Je ne vois rien....... Je gage qu'il est entré chez elle......... (*criant et parcourant à grands pas le Théâtre.*) Au feu Monsieur Cassandre ! À l'assassin, Monsieur Cassandre ! Au meurtre, Monsieur Cassandre ! Au voleur, Monsieur Cassandre.

SCENE XIII ET DERNIERE.

Les mêmes, CASSANDRE.

CASSANDRE, *tout essoufflé, heurtant Gilles en entrant*

Qui ? quoi ? qu'est-ce ! quel voleur ?

GILLES.

Chez vous.

CASSANDRE.

Chez moi, un voleur !

ARLEQUIN, *à la fenêtre, montrant ses mains.*

Messieurs, ne badinons pas, je ne prends rien.

CASSANDRE.

C'est l'Afficheur ! Comment, coquin ! dans ma maison !

ARLEQUIN.

C'est que je suis tombé.

CASSANDRE.

Là-haut !

ARLEQUIN.

C'est que j'ai glissé.

GILLES.

Ce n'est pas ça, c'est moi qui l'ai poussé.

CASSANDRE.

Tombé, poussé, glissé.......Mais je n'entends rien à tout ceci......Donnez m'en donc la clef.

GILLES, *lui donnant la clef de la maison.*

La voilà.

CASSANDRE.

Comment ?

GILLES.

C'est moi qui ai fermé la porte.

CASSANDRE.

Pourquoi ?

GILLES.

Pour l'empêcher d'entrer.

CASSANDRE.

Pour l'empêcher....

ARLEQUIN, *d'un ton suppliant.*

Monsieur Cassandre ! Monsieur Cassandre !

CASSANDRE.

Descendras-tu ?

ARLEQUIN.

Par où ?

CASSANDRE.

Par où tu es monté.

ARLEQUIN.

Air : *Rendez-moi mon écuelle de bois.*

Rendez-moi mon échelle
de bois,
Rendez-moi mon échelle.

CASSANDRE, *à Gilles.*

Rends-lui donc son échelle
de bois,
Rends-lui donc, rends-lui donc son échelle.

GILLES, *posant l'échelle sous la fenêtre.*

Tiens, voilà ton échelle
de bois.
Tiens, voilà ton échelle.

(*Pendant le couplet, Cassandre ouvre sa porte, Arlequin descend par la fenêtre et Colombine sort de la maison.*)

COLOMBINE.

Mon père !

CASSANDRE, *la repoussant.*

Retirez-vous.

ARLEQUIN.

Monsieur Cassandre, écoutez-moi.

GILLES.

Ne l'écoutez pas.

ARLEQUIN & COLOMBINE, *aux genoux de Cassandre.*	GILLES.
Air : *Vive le vin, vive l'amour.*	Air : *Tous les hommes sont bons.*
Vous nous voyez à vos genoux, Monsieur Cassandre, } écoutez-nous. Mon père, hélas ! } Quittez, quittez ce front sévère, Vous n'avez pas un cœur de pierre, Et votre fille tient de vous, Je ne veux être son } époux Il ne veut être mon } Qu'afin de vous nommer { mon } père. { son }	Bâtonnez, rejettez, Repoussez, rebutez, Renfermez, maltraitez ; Approuvez, partagez, Animez, prolongez Ma colère ; Sur moi fixez votre choix, Tâchez au moins une fois D'être père.

(*Pendant ce couplet, Cassandre s'attendrit par degrés jusqu'aux larmes.*)

CASSANDRE, *pleurant.*

Levez-vous, mes chers enfans, vous m'attendrissez trop.

GILLES.

Tiens, cet autre qui pleure !

ARLEQUIN et COLOMBINE, *se jettant au cou de Cassandre qui leur tend les bras.*

Mon père !

GILLES, *à Cassandre*

Eh bien ! qu'est-ce que vous faites donc ?

CASSANDRE.

Que veux-tu ? mon ami, cette affaire-là étoit si avancée... Et puis d'ailleurs, (*d'un ton pathétique.*)
La colère se taît où parle la nature.

GILLES, *le contrefaisant.*

C'est bien en vrai Cassandre achever l'aventure.

CASSANDRE, *à Arlequin*

Mais, Monsieur, vous ne savez peut-être pas une chose : c'est que ma fille n'a rien ; je ne puis lui donner que cette maison-là, que je garde.

ARLEQUIN.

C'est d'un bon père........Mais, Monsieur Cassandre, votre fille peut se passer de vos richesses ; je la place au Théâtre du Vaudeville.

CASSANDRE.

En vérité.

ARLEQUIN.

Et je m'offre à vous y faire entrer vous-même ?

CASSANDRE.

Monsieur......

Air : *De la béquille.*

Sur ce Théâtre-là
Brilla plus d'un Cassandre :
De ces Cassandres-là
J'ai l'honneur de descendre.
Voulez-vous que j'y brille ?
Il vous faut en ce cas
Rajeunir la béquille
Du père Barnabas.

GILLES, *à Arlequin.*

Es-tu homme à m'y faire débuter ?

ARLEQUIN.

Oui, dans les Niais.

GILLES.

Qu'est-ce que c'est que les Niais, Monsieur ? Non, Monsieur, je veux faire les Amans, Monsieur ; on se marie tous les jours, et voilà ce qu'il me faut, Monsieur.

COLOMBINE.

Eh bien, tu joueras les Amoureux-Gilles.

GILLES.

On ne vous demande pas votre avis, Mam'zelle.

VAUDEVILLE.

ARLEQUIN.

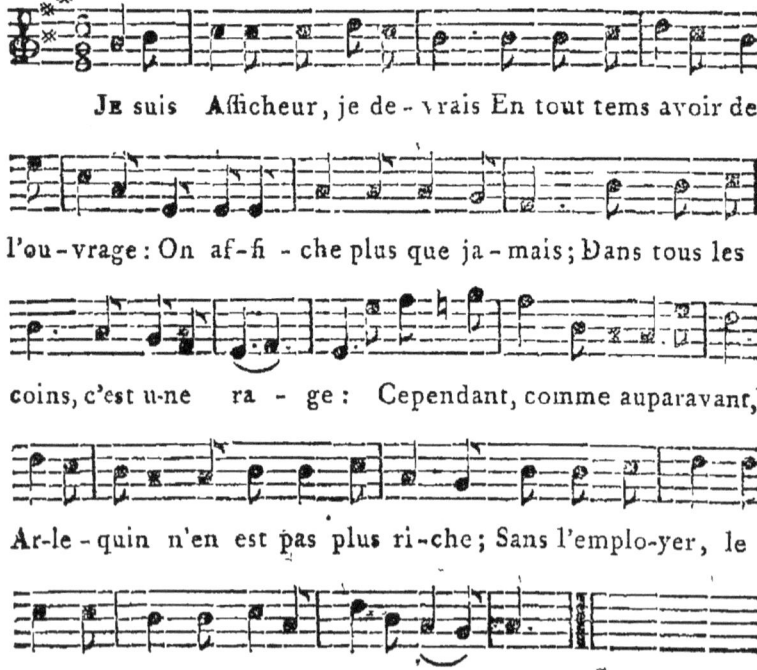

Je suis Afficheur, je de-vrais En tout tems avoir de l'ou-vrage : On af-fi-che plus que ja-mais ; Dans tous les coins, c'est u-ne ra-ge : Cependant, comme auparavant, Ar-le-quin n'en est pas plus ri-che ; Sans l'emplo-yer, le plus sou-vent, Soi-même l'on s'af-fi-che.

GILLES.

En amour, Monsieur l'Afficheur,
Vous connaissez quel est mon style,
Et vous saurez qu'en fait d'honneur
Je suis encor plus difficile :
Pour être vus, prônés, courus,
Les sots veulent qu'on les affiche ;
Les Gilles, pour être connus,
   N'ont pas besoin d'affiche.

CASSANDRE.

Sur tous les murs, en cent façons,
Et sous le pretexte d'instruire,
Changeant de couleurs et de tons,
Que d'hypocrites savent nuire !
Les intrigans et les mechans,
Se couvrant d'un titre postiche,
Hélas ! combien d'honnêtes gens
   Sont dupes de l'Affiche !

COLOMBINE, *au public.*

Tout Afficheur est plus ou moins
Enclin à dorer la pillule,
Et tous les jours il met ses soins,
A trouver un Public credule.
Venez, Messieurs, venez chez nous ;
Quand plus d'un charlatan vous triche,
Nous tâcherons d'être pour vous
   Ce que promet l'Affiche.

ARLEQUIN, *au public.*

Arlequin débute ce soir
Avec trois de ses Camarades :
Le Directeur a voulu voir
Si l'on aime encor les Parades :
Un certain bruit nous apprendra
Que ce champ doit rester en friche ;
Un certain autre nous dira,
   Encor la même Affiche.

www.ingramcontent.com/pod-product-compliance
Lightning Source LLC
Chambersburg PA
CBHW060553050426
42451CB00011B/1887